季節で彩る

こころの食卓

英国伝統の
家庭料理レシピ

山形優子フットマン ［著］

斎藤久美 ［写真］

Forest Books

はじめに

　結婚がきっかけでロンドン郊外ウィンブルドンに住み、今年で40周年を迎えました。異国の地で右も左もわからなかった頃、たまたま新居の前に小さな教会があり、毎日曜朝9時半、美しい鐘の音が礼拝の始まりを高らかに告げていました。

　日本で子どもの頃から聖公会の教会に通っていた私が、鐘の音にうながされ、この教会の木戸をくぐるようになるには、そう時間はかかりませんでした。言葉さえ異れ、礼拝の形式や聖歌、ステンドグラスの輝きまで、そこには懐かしい子ども時代の「信仰の空間」が変わらずにあったのです。

　こうして礼拝は私の心の慰めとなり、生活のメトロノームに。教会で知り合ったイギリス人の主婦たちは、ちょっとクール、でも本当は親切で、やがて自宅のランチに招待されるように。その頃からです、魂の食事である礼拝と、温かい思いやりの湯気に包まれた彼女たちの手料理ローストチキンやアップルクランブルなどが、実は「魂にとっても大切な食べ物なのだ」と気づいたのは。

　聖書には「人はパンだけで生きるのではない」（新約聖書・マタイの福音書4章4節）とあります。が、その一方で、「日ごとの糧を、今日もお与えください」（同6章11節）と、口に出して天の父なる神にお願いしなさいとも指南します。

　食事をともにするとはシンプルな行為ですが、呼ぶ人も呼ばれる人も最初は緊張します。けれども、同じ食卓につくうちに打ち解けます。そこには目には見えない和解があり、歩み寄りがあり、天の祝福があります。

　気がつくと私たち夫婦は、すっかり年を取り、3人の娘たちは巣立って行きました。地味で質実剛健なイギリスの友人たちも寄る年波には勝てません。しかし、抱擁の温かさは今も変わらずです。

　ここに収めたレシピの数々は、単なる料理ノウハウではなく、教会生活を通した彼女たちの信仰生活の産物、人生そのもの。いつ頃からでしょう、私にとって宝のようなレシピを、ぜひ1冊の本にまとめたいと願うようになったのは。

　新約聖書のヨハネの黙示録3章20節には「見よ、わたしは戸の外に立ってたたいている。だれでも、わたしの声を聞いて戸を開けるなら、わたしはその人のところに入って彼とともに食事をし、彼もわたしとともに食事をする」とあります。

　神は国境や人種、いわゆる「宗教」を超え、一つの食卓を囲む大家族を望まれます。この私も、その素敵な「食べ物」に支えられてきました。ごちそうさま、そして、これからも「いただきます！」

Cont

目次

春

夏

秋

冬

春

はる

Spring

ウェールズ人の大好物
ウェルシュ・レアビット

材　料（4人分）

厚めの食パン	4枚
バター	50g
固めのチーズ	250g
ビール	150ml
粉からし	小さじ1
卵の黄身	2個
お好みでパプリカパウダー	少々

作り方

1 食パンをトーストし、保温しておく。

2 チーズのかたまりを粗めに削り、バターと一緒に小鍋に入れて、湯煎にかける。

3 2が溶けてきたら、かき混ぜながらビールを少しずつ加える。

4 3に粉からしを入れ、お好みでパプリカパウダーをひとつまみ加える。卵を黄身と白身を分け、溶いた黄身だけを入れてゆっくり混ぜる。その際、煮立たせないようにする。

5 4を1の上にかけて、できあがり。さらにオーブンで軽く焼いてもよい。

*「ウェルシュ」とは「ウェールズ風」との意味。「レアビット」は「ラビット（ウサギ）」が語源。
　でも、ウサギ肉料理ではありません！

母に贈る
ラベンダー・ショートブレッド

材　料（8〜12人分）

小麦粉	100g
米粉	50g
バター	100g
三温糖	30g
乾燥ラベンダー	大さじ 2

（夏に花が咲いたらとって乾燥させ、瓶に入れて保存する。花の時期に作る場合は、乾燥させなくてもよい）

グラニュー糖	大さじ 1
サラダ油	少々

◆必要なもの
直径 20cm 程度のケーキ型
（底が抜けるタイプ）
爪楊枝

作り方

＊オーブンを160℃に予熱、バターを室温に戻しておく。

1 ケーキ型にサラダ油をまんべんなく塗る。

2 小麦粉、米粉、三温糖をボールに入れて混ぜる。

3 2にバターを入れ、指で混ぜ、生地を作る。ラベンダーの花を加え、さらに練る。

4 なめらかになった3の生地を、ケーキ型の底に手でまんべんなく円形にのばし、爪楊枝で全体に穴を開ける。ケーキ型の底に生地が張りつくようにする。

5 4をナイフで、8等分から12等分に軽く線をつける（切らずに線をつけるだけ）。

6 予熱したオーブンにケーキ型ごと入れて、30分〜35分ほど全体がきつね色になるまで焼く。

7 焼きあがったら、型ごとオーブンから出し、熱いうちにナイフで、5でつけた線をなぞる（切らない）。

8 ケーキ型ごと冷ます。冷めたら、そっと型をはずし、上からグラニュー糖をふりかける。冷めると固くなるので、線にそって切ることができる。

March

愛を表すラベンダー・ショートブレッド

春まだき３月に食するのは、ラベンダー入りのショートブレッド。英国では復活祭の３週間前の日曜日に、いわゆる母の日とは少々異なる「マザリング・サンデー」をお祝いします。マザリングとは「母性・血縁を超えて親切に保護して世話する本能」という意味。癒やしがこもる薄紫色の花に通じるものがありそうです。

私が通う近所の教会では毎年マザリング・サンデーに、チューリップや水仙の小さな花束を「お母さん」にプレゼントするのが習わしです。牧師から配られた花束を子どもたちは大はしゃぎでママに、ママのいない子どもたちはパパに渡します。母性は女性特有のものではないからです。そして、逝ってしまった母を思う人、子どもがいない人にも、もれなく春の光の賜物である花束が配られます。

教会の老婦人会をお世話するジェーン（仮名）は、若い時に母親を亡くし、お子さんもいません。彼女は毎年この日、独身者、子どもがいない人、子どもがいても海外在住等とさまざまな老の境遇を抱えた人たちを自宅に招き、おしゃれなアフタヌーンティーでもてなします。

サンドイッチにスコーンにお菓子、そして熱々のミルク入り紅茶は、英国人にとってのご褒美。異なる道を歩く人たちが、すべてを忘れてともに一服する癒やしのひと時です。

心をこめてお世話をするジェーンは「教会はイエス・キリストを中心とする血縁を超えた神の家族」と微笑みます。

けれども神は、教会に行く行かないに関係なく、「母」から生まれたすべての人間に母性、つまり「愛したい」心を備えられました。その証拠に、神のひとり子キリストが聖霊により、乙女マリアより人の形をとって生まれた際、マリアと夫ヨセフに備えられた人の愛は、神の子を育てるに十分でした。母性は神と人との絆を固くします。

一方、心を貫く弱さも母性です。十字架に手足を釘で打ち付けられたキリストの姿に、母マリアの苦しみはいかばかりだったでしょう。痛みにあえぐキリストは、そんな母を案じ、マリアに「ご覧なさい。あなたの息子」と弟子のヨハネを促し、ヨハネには「見なさい。あなたの母」と言いました。その時からヨハネはマリアを自分の家に引き取ったと聖書にあります（新約聖書・ヨハネの福音書19章26〜27節）。

マザリング・サンデーは母性、つまり愛の本質に心を砕かれる日曜日です。その思いをもって、「お母さん、ありがとう」。

Spring

近所の公園に春が。野生の水仙が光の波のよう

旅のおともに
スコッチド・エッグ

材　料（4個分）

卵	5個
合挽き肉	500g
水	大さじ2
小麦粉	40g
パン粉	100g
牛乳	大さじ5
塩・胡椒	少々

（お好みで、ナツメグを少々入れても
よい）

揚げ油	適量

作り方

1 鍋に水をはり、卵4個を7分間ゆでる。ゆで卵をすぐに冷水につけて冷まし、皮をむく。お好みで半熟卵にしてもよい。ただしお弁当用なら固ゆでに。

2 ボールに合挽き肉を入れ、水、塩・胡椒を加え、手でよく混ぜる。

3 2を卵の数に等分し、手の上の平たく伸ばして、卵をくるむ。

4 3を小麦粉の上で転がす。

5 溶き卵に牛乳を加え、4をくぐらせ、さらにパン粉の上で転がす。

6 適量の揚げ油を160℃に熱し、5を揚げる。その際、2個ずつ同時に揚げる。トングを使って、むらなく揚がるようにする。揚げすぎると卵の白身が固くなり、ゴムのような食感になってしまうので要注意。

7 油をよく切り、熱いうちにいただくか、冷ましてお弁当用にする。ソースは、ケチャップとトンカツソースを1対1で混ぜたもの、あるいはマスタードとマヨネーズを1対2で混ぜたものなど、お好みで。

復活祭のシムネル・ケーキ

材　料（直径20㎝のケーキ型分）

【A】

無塩バター	150g
ブラウン・シュガー	100g
黄身	4つ
オレンジジュース	大さじ1

【B】

アーモンドの粉	100g
薄力粉	190g
ベーキング・パウダー	小さじ1
ミックススパイス	小さじ2
レーズン	250g
サルタナレーズン	140g
オレンジとレモンの皮	各1個分

【C】

白身	4個

柑橘系のジャム	少々
（アプリコットジャム、マーマレード等）	
デコレーション用市販のマジパン	
	適量

◆必要なもの
直径 20㎝のケーキ型
竹串・アルミホイル

作り方

＊オーブンを150℃に予熱する。

1　Aのバターとブラウン・シュガーを泡立て器でまぜる。黄身を1つずつ入れさらに泡立て、最後にオレンジジュースを加える。

2　ボールにBの材料をすべて入れて混ぜ、1に加える。

3　白身（C）を固く泡立て、2の中に加え、へらで優しく混ぜる。

4　ケーキ型に油（分量外）を塗り、クッキングシートを敷く。

5　真ん中が少しくぼむように3を型の中に入れ、1時間オーブンで焼く。

6　1時間したら、上からアルミホイルをかけ、もう1時間焼く。竹串を刺し、生地がつくようなら、さらに30分焼く。

7　焼き上がったら冷まし、横半分に切り、表面にアプリコット・ジャムかマーマレードなどを塗る。

8　マジパンでケーキを上から覆う。残ったマジパンを11個に小分けし、手のひらで1つずつ丸め、ケーキの上に円状に飾る。※可能ならマジパンに焦げ目がつくようにオーブンに入れ、チェックしながら焼く。

April

敗者復活戦のケーキ

イエス・キリストが十字架にかかって、3日後に復活したことを記念するイースター（復活祭）のシーズンが巡ってくると、近くの公園や森の中では黄水仙が咲き、こまどりの歌声が愛らしく響きます。この時期イギリスでは、復活祭のシムネル・ケーキを食べるのが習慣です。

シムネル・ケーキがイギリスに登場したのは中世の頃と想定されます。「シムネル」とは、非常に細かい小麦粉という意味です。弱火で2時間ほどかけてじっくりと焼いたフルーツケーキを、マジパンで覆って作ります。

私が英国にやってきた40年前は、春になると村のおしゃれなパン屋さんの飾り窓には、必ずこのケーキが登場したものです。が、今では子どもたちの間で人気のイースター・エッグと呼ばれる卵型のチョコレートが店頭に並び、いつの間にかシムネル・ケーキは自分で焼くものになってしまいました。

一般的にイギリス人はフルーツ・ケーキが好きです。クリスマス、誕生日、結婚式、赤ちゃんの洗礼式にもフルーツ・ケーキを食べます。3段ある結婚式のフルーツ・ケーキの1段目を、初めての赤ちゃんの洗礼式のお祝いまでとっておいて食べるという伝統さえあります。

シムネル・ケーキは、他のフルーツ・ケーキにはない特別なデコレーションがあります。それはトップに、ぐるりと円状に載る小さなマジパンのボールです。ケーキ本体を覆うマジパンの残りを、手で丸めて作るのですが、数にこだわりがあります。

数は11個と決まっています。キリストの弟子の数を表しているからです。あれ？使徒は12人だったはず。ところが、復活の時は11人に減っていたのです。なぜなら、キリストを銀貨30枚で売ったイスカリオテのユダが欠けてしまったから。その結果、よみがえりの時は11人。サムネル・ケーキがイースターのケーキであると納得する所以（ゆえん）です。

ケーキの上に冠のように飾られた使徒11人ですが、実は彼らも大なり小なりキリストを裏切ったとも言えます。キリストが十字架にかけられたとき、逃げてしまったのです。あの愛弟子だったペテロでさえ、キリストを「そんな人は知らない」ときっぱりと3度も否定した話は有名です。自身の弱さを知った11人でしたが、復活のキリストに出会い変わりました。そしてローマ帝国の迫害下、勇敢に福音を語り続け、ほぼ全員が殉教しました。11個のマジパンが載ったシムネル・ケーキは、実に「敗者復活戦」のケーキなのです。市販のマジパン・ボールはまん丸ですが、私は潜む命の力を感じさせる卵型に作るのが好きです。

Spring

ゆで卵のクラフト、イースターのお祝い用として友だちにプレゼント

新緑の季節のサーモン・パテ

材　料

紅シャケの缶詰	1個（180g）
バター	200g
（クリームチーズでもよい）	
レモン汁	半個分
塩	少々

作り方

1 バターを室温に戻す。

2 缶詰の水分をきる。

3 ボールに1と2を入れ、しゃもじでよく練る。

4 ひとつまみの塩を加え、さらに練る。

5 最後にレモンの絞り汁を加え、よく混ぜる。

6 冷蔵庫に入れて冷やす。

7 クラッカーやパンに塗って食べる。

May

爽やかなレモン・メレンゲパイ

材　料（直径20cmのパイ皿分）

【パイ生地】

小麦粉	225g
バターかマーガリン	150g
水	大さじ1
酢	大さじ1
卵（白身のみ）	1個

【レモンカスタード】

レモン汁とすりおろした皮	4個分
グラニュー糖	125g
コーンスターチ	65g
卵（黄身のみ）	4個
バター	大さじ1

〔お好みで〕

＊生クリーム	100g
＊粉砂糖	適量

【メレンゲ】

卵の白身	3個
砂糖	100g
コーンスターチ	小さじ2

◆必要なもの

タルトストーン（重石）
（なければ乾燥小豆、生米等で代用）
アルミホイル、パイ皿

作り方

＊バターを室温に戻し、オーブンを180℃に予熱する。

1　ボールにパイ生地の材料をすべて入れ、手で練り、丸くまるめる。

2　パイ皿にバター（分量外）を塗り、そこに1の生地を手でまんべんなく伸ばす。その際、適量の小麦粉を手につけると、指に生地がくっつかない。生地の上にアルミホイルを敷き、上にタルトストーンを置く。

3　2をオーブンで15分焼き、アルミホイルとタルトストーンを取る。フォークでパイ底全体に空気穴を空ける。オーブンを170℃に下げ、さらに10分焼く。その後、取り出して室温で冷ます。

4　レモンカスタードの材料をすべて小鍋に入れ、弱火にかけ、その間中、泡立て、クリーム状になったら火から下ろし、熱いうちにバターを加える。冷めたら甘みをチェックし、酸味が強ければ粉砂糖で調整。甘すぎたら、砂糖を入れずに、固めに泡立てた生クリームを入れる。3に盛る。

5　卵の白身に砂糖とコーンスターチを入れ、ツンツンに固く泡立てたら、つぶさないようにスプーンで4の上に載せる。バーナーで表面を焼く。バーナーがない場合は、高温のグリルかオーブン（230℃で2～3分程度）で、表面が薄茶色になるまで焼く。

6　冷蔵庫で冷やして、出来上がり。

風薫る5月のレモン・メレンゲパイ

　5月に食べるお菓子は、爽やかなレモン・メレンゲパイです。

　中身のレモンカスタードは、中世の英国にすでに存在していたようですが、メレンゲの冠が載った形に落ち着いたのは19世紀。今でもエリザベス女王から一般庶民まで広く愛されるお菓子です。

　アフタヌーンティー好きの女王が「レモンパイが好き」とつい口を滑らせたため、どこへ行ってもレモン味。女王も、さすがにうんざりし、とうとうお城のスポークスマンが「今後、女王様は二度とお菓子の好みには触れません」と発表した逸話もあります。

　私が通うエマニュエル教会の高齢メンバー、ベティーも、このパイが大好きでした。生涯独身を通した彼女は、教会の近くにあったホームで数年前、96歳で天に召されました。篤い信仰の人ベティーは女性たちに尊敬され、生前は多くの人たちが彼女をホームに訪ね、時にはレモン・メレンゲパイの差し入れも。

　友人のアンは毎日曜日、ベティーを教会に連れて行き、ともに礼拝に参加しました。

　ある日アンが、いつものようにベティーをホームに訪ねると、ベティーは彼女をじっと見つめ「家に帰りたい」と言ったそうです。翌日、再びのぞくと、ベティーはヘアカットをして身支度も小綺麗に。

　アンが、べそをかきながら「素敵よ。家に帰る準備ができたのね」と言うと、ベティーは小さく頷いたそうです。そして、その日のうちに天に召されました。聖書の「私たちの国籍は天にあります」（新約聖書・ピリピ人への手紙3章20節）という言葉どおり、彼女は静かに家路をたどって逝きました。

　お葬式にはたくさんの人たちが集まりました。生涯親友だった3人の女性たちは高齢で来られませんでしたが、温かい友情にあふれたメッセージを寄せました。

　甥や姪たちは「ベティーおばさんは公認会計士だったから数字に強く、トランプやゲームも強かった」と思い出を語りました。でも、誰もが驚いたのは牧師がベティーの人となりを壇上から語った時。「地味な人柄で、クリスチャン団体の公認会計士として生涯働きました。彼女は英国が誇る、初の女性公認会計士でした」と。

　3人の親友たちさえも、そうとは知らなかったと聞き、皆はもっと驚きました。「なんて、慎ましい人だったか」と、だれもが口々にベティーを賞賛しました。

　それはチャペルのステンドグラスを通して、レモン色の光がいっぱいに差し込む、爽やかな5月の日のことでした。

Spring

爽やかな5月、湖水地方の散歩道をたどる

夏

なつ

Summer

英国の「おふくろの味」
グリーンピース・スープ

材　料（4人分）

バター	30g
玉ねぎ（大）	2個
月桂樹の葉	2枚
チキンか野菜のスープストック	700cc
（水700ccにブイヨン1個をとかしたものでも可）	
冷凍グリーンピース	500g
牛乳	1カップ
（生クリームでも可）	
★塩・胡椒	少々
★醤油	大さじ1
ミントの葉	少々
薄切りハム（お好みで）	3枚

◆必要なもの
ミキサー

作り方

1 玉ねぎをみじん切りにする。スープストックを温めておく。

2 熱した鍋にバターを入れて溶かし、1の玉ねぎと月桂樹を加えて、よく炒める。

3 スープストックを2に加えて、弱火で15分間煮込む。

4 3が煮えたら火を止めて、グリーンピースを加える。

5 4が冷めたら、月桂樹を取り除いてミキサーにかけ、なめらかな食感にする。

6 5を鍋に戻し温め、★を加えて味を整え、味が薄すぎたら固形ブイヨンを追加するなどして調整する。ここでお好みで、みじん切りにしたハムを加える（入れなくてもよい）。

7 6が煮立ったら、最後に1カップの牛乳か生クリームを加え、煮立ちすぎないうちに火を止める。

8 あらかじめお湯で温めておいたスープ皿か、カップに（お湯は捨てる）7を注ぎ、上からミントの葉を飾り、ロールパン、ガーリックトーストなどを添える（写真は天然酵母パン）。

初夏のイートン・メス

材　料（4人分）

熟したイチゴ	500g
生クリーム	400cc
市販のメレンゲ焼菓子 （マカロンでも可）	1袋
ミントの葉（あれば）	

【自家製メレンゲ焼き菓子】

卵白身	4個
グラニュー糖	150g
ブラウンシュガー	70g
ワインビネガー	小さじ1/2
コーンフラワー （小麦粉、米粉でも可）	小さじ1/2

作り方

1 生クリームを泡立てる。

2 飾り用のイチゴを数個取り置く。その他のイチゴをヘタを取って軽く洗い、半分に切って軽く潰し、1と混ぜる。

3 2を冷蔵庫に入れる。

4 食べる直前に、市販のメレンゲ焼菓子1袋から数個だけ取り置き、他は全部手で崩して、そっと3に混ぜる。

5 上に、飾り用に薄くスライスしたイチゴと、ミントの葉を置いたら、残りのメレンゲ焼菓子を雪のように粉々にして上からかけて、いただく。

※メレンゲの量を増やしたり、減らしたりして、お好みの甘さでいただくことをお勧めします。

【自家製メレンゲ焼き菓子】

1 白身に砂糖を入れ、固めに泡立てる。

2 1にコーンフラワーを入れ、さらに泡立てる。

3 2にワインビネガーを入れ泡立てる。

4 スプーンでメレンゲをすくい、間隔をあけてオーブンペーパーの上に置く。一度に全部をパイ型のように丸く置くのも可。

5 4を130℃に予熱したオーブンで1時間焼く。竹串で刺し、中が乾燥したら出来上がり。

6 冷まして、余ったら缶に入れて保存。

イチゴの甘み際立つ、青春の味

初夏、英国にイチゴの季節が到来する頃、国民的スポーツであるクリケットが盛んになります。クリケットは、投げたボールを細長い板のようなバットで打つ、1チーム11人制のスポーツ。6月にぴったりのデザート、旬のイチゴを使ったクリケットゆかりの「イートン・メス」をご紹介しましょう。

発祥は、英国の名門男子校イートン。記録に残っているレシピは1893年のもの。ライバルの名門ハーロー校との恒例クリケット試合の際に振る舞われたのが、始まりだそうです。mess（メス）は乱雑という意味ですが、元は質量を表すmass（マス）でした。

前身は大量のストロベリー・サンデー。後にアイスクリームがすたれ、メレンゲの焼菓子にクリームとイチゴを混ぜたものに進化した、簡単でおいしいデザートの花形です。

クリケットの試合は、短時間のものから長時間のものまでさまざま。恒例のイートンVSハーロー試合は午前中から始まり、夜の7時頃まで続きます。

試合の合間にサンドイッチやケーキが出る20分ティー・ブレイクと、40分ランチ・ブレイクがあります。これを称して「クリケット・ティー」と言います。選手たちはこの時間、敵対チームのメンバーと、同じ食卓を囲む羽目になります。時には対戦チームのメンバーが隣同士になり、つらい場合も。

しかし、試合中に何があっても、食事の時は紳士らしく振る舞うのがルール。クリケット・ティーは単なるエネルギー補給でなく、「紳士道」鍛錬の場でもあるのです。

青少年クリケット・チームのコーチであるリーさんは「たいてい食が進むうちに、場の雰囲気は和らぐ」と教えてくれました。聖書には「忍耐が練られた品性を生み出し、練られた品性が希望を生み出す」（新約聖書・ローマ人への手紙5章4節）とあります。ジューシーなイチゴの甘味が際立つイートン・メスは、青春の苦渋を和らげてくれるはずです。

陽が長くなる6月、光は広々とした芝生のクリケット・ピッチをおおらかに照らし、純白のクリケット着に身をつつんだ少年たちが、白鳥の飛翔のようにプレイを続けます。のどかな光景ですが、全力投球の選手一人一人の心の中は、まさに戦いの渦中。

イートン・メスは、そんな率直な若者たちの忍耐力作りを応援する、神さまからの「慰めレシピ」なのかもしれません。真紅のイチゴの粒が、なぜか愛おしく見える昨今です。

野生の遅咲きのさくら草と野生のバターカップ（きんぽうげ）。花びらの近くに顔
を寄せたとき、ほっぺが黄色に映えたなら「バターが好きな証拠」と言われる

色鮮やかな冠
サマープディング

材　料（4〜5人分）

夏のベリー（飾り用に少し取り置く）
　　　　　　　　　　　　500g 〜 700g
（ラズベリー、イチゴ、スグリ、ブラックベリーなど）

砂糖　　　　　　　　　　　　　60g
水　　　　　　　　　　　　　30cc
食パン　　　　　　　　　　6〜7枚
（吸収がよいため、少し古いパンのほうがよい）
生クリーム　　　　　　　　　　適量
※お好みで、粉砂糖

◆必要なもの
直径 14cmくらいの深めのボール
ザル

作り方

1　ベリー、砂糖、水を鍋にすべて入れて3分ほど煮たら（煮すぎない）、ベリーを、下に受け皿を置いたザルにあけ、煮汁と分ける。

2　パンの耳を切り落とし、ベリーの煮汁に浸し、ボールにまんべんなくそのパンを敷き詰める。

3　2に1のベリーを全部入れ、汁を浸したパンを上から蓋をするように載せる。汁が残ったらそのまま取り置く。

4　3の上に蓋をするように皿を載せ、その上に重し（未開封の缶詰や瓶など）を置き、一晩冷蔵庫でねかせる。その間、ベリーの汁が周りのパンにしみ出てくる。

5　食べる直前に皿と重しを取り除き、大きめの皿を載せて一気にひっくり返す。ボールを取り、鮮やかな色のプディングのてっぺんや周りにベリーをあしらい、お好みで粉砂糖をふりかける。

6　切り取った際、取り置いてあった汁と生クリームをかける。アイスクリームを添えるのもよい。適当な大きさのボールがない場合は、プリン型などを使い、小さいものを作ることも可。

夏のランチに
コロネーションチキン

材　料（4〜5人分）

白ワイン	1カップ
鶏のささみ	300〜400g
生ブドウ	適量
（どの種類でも可、レーズンも可）	
お好みで、さらしタマネギ	半個
レモン汁	1個分
レモン皮（ライム可）	少々
マヨネーズ	100g
ヨーグルト	100g
マンゴーチャツネ	大さじ1
（なくても可）	
カレー粉小さじ1(種類によって調整)	
塩・黒胡椒	少々
アーモンド・フレーク	ひとつまみ
パセリ　みじん切り	少々
付け合わせ用のレタス、新じゃがいも	

作り方

1 沸騰した鍋のお湯に白ワインと塩を1つまみ入れ、そこに鶏のささみを入れて、中まで火が通るようにゆでる。

2 鶏のささみを鍋から出し、熱いうちにほぐし、レモン汁をかけて冷ます。

3 マヨネーズ、ヨーグルト、レモン皮のすりおろし、カレー粉、お好みでマンゴーチャツネを加えてドレッシングを作る。塩・黒胡椒で味を調整。

4 生ブドウを1粒ずつ半分に切る。飾り用を残し、残りのブドウをすべて3に混ぜる。さらしタマネギも加える。2が冷めたら、レモン汁ごと入れる。

5 皿に付け合せ用のレタスを飾り、4をその上に盛る。上から飾り用のブドウを散らし、さらにアーモンド・フレークとみじん切りにしたパセリを散らす。付け合わせに、塩ゆでした熱々の新じゃがいもを添える。

July

女王の戴冠式用のレシピ

夏のランチといえば、コロネーション・チキン。一言で表現すると、カレー味の冷製チキンサラダです。

「コロネーション」とは戴冠式という意味で、1953年に弱冠27歳でエリザベス女王が戴冠した際の、祝宴用に考案されたレシピです。英国人一般に愛され、サンドイッチの具としても人気です。

作り方は簡単。ゆでたチキンと生ブドウに、マヨネーズ、ヨーグルト、カレー粉を和えるだけ。レタスと新じゃがいもを添え、白ワインと一緒に勧めれば、夏のアルフレスコ（屋外）・ランチにも最適です。

私が通うエマニュエル教会の婦人会でも、毎年7月にコロネーション・チキンを食べます。テニスで有名なウィンブルドン村に1888年からあるこの教会。婦人会は、毎週月曜日お昼から三時過ぎまで開かれます。コロネーション・チキンは、この会が夏休みに入る前に主催する期末ランチの定番メニューなのです。

「婦人会」と言っても80〜90代の高齢女性たち約20人、最高年齢は101歳。この会はどうやら100年は続いているらしい、と先日初めて知りました。ひとり暮らしの96歳のニッキーが、「この会に初めて参加したのは50年前。その頃は若い人もたくさん来て

いた。元は当時、会を仕切っていたスティルマン夫人のおばあさんがスタートしたもの」と語り、一同を驚かせました。「昔はお茶とビスケットだけだった」とニッキー。今は全員がそろうと缶詰トマトスープ、パンとチーズの簡素な昼食をともにし、その後は牧師や神学生を迎え、話を聞きます。

今期のテーマは「天国」でした。昼食後なので居眠りも出がちですが、熱心にメモを取る人も。年齢が自分たちよりもだいぶ若い牧師の話が終わると、するどい質問を投げかけます。老いてもなお、聖書を座右に置く女性たち。指が覚えているのか、分厚い聖書のページを素早く繰り、その日の該当箇所を即座に開きます。

聖書タイムが終わると手作りケーキと紅茶でおしゃべり。送迎、料理、片付けは若い（？）私たち6人の仕事。今年も、夏休み前のコロネーション・チキンを、彼女たちは楽しみにしています。毎年めぐり来る夏の食事会は、「年齢という戴冠式」なのかもしれません。杖に頼る人、記憶がおぼろげな人、全員が加齢の重荷を負っていますが助け合う姿が素敵です。

帰る前に必ず台所をのぞいては、お皿を洗う人に労いの言葉をかける。そんな姿に、私はいつも感動するのです。

木洩れ陽が踊る夏の森

生命力あふれる
真夏のトマトタルト

材　料（直径20cmのパイ皿分）

【タルト生地】
小麦粉	225g
ベーキングパウダー	小さじ1
バターかマーガリン	150g
水	大さじ1
卵	1個

【中身】
オリーブオイル	適量
からし	少々
完熟トマト	中2〜3個
セージ	少々
（なければ月桂樹	3枚）
塩・胡椒	少々

◆必要なもの
直径20cmほどのパイ皿
刷毛

作り方

＊バターを室温に戻し、オーブンを180℃に予熱しておく。

1 トマトをすべて輪切りにする。直径20cmのパイ皿にバター（分量外）をまんべんなく塗る。

2 ボールにタルト生地の材料をすべて入れ、手で練り、丸くまとめたら、生地が手につかないように、こまめに手に粉（分量外）をつけながら、1のパイ皿に伸ばしてタルト形を整える。整ったら刷毛でオリーブオイルを塗る。

3 さらに2の上にからしを薄く塗り、輪切りのトマトを載せ、セージ、塩・胡椒を少々かける。さらに、オリーブオイル大さじ1程度（分量外）を全体にふりかける。

4 予熱しておいたオーブンに3を入れ、35〜40分焼く。熱いうちに食べてもよいし、冷まして食べてもよい。

August

英国女王が愛した
ヴィクトリア・サンドイッチ・ケーキ

材　料（直径20cmのケーキ型分）

粉砂糖	110g
無塩バター	160g
バニラエッセンス	小さじ1
卵	3個
小麦粉	160g
ベーキングパウダー	小さじ1
生クリーム	100ml
ラズベリージャム（なければイチゴジャム）	
	適量

◆必要なもの
直径 20cm くらいの丸いケーキ型 2個
クッキングシート
新聞紙
ハンドミキサー
ヘラ、ふるい

作り方

＊オーブンを150℃に予熱する。丸いケーキ型2つにバターまたはサラダ油（分量外）を塗り、型に合わせてクッキングシートを切っておく。

1 小麦粉とベーキングパウダーを混ぜ、なるべく高いところからふるいにかける。その際、ボールの下に新聞紙を敷いておく。

2 ボールに粉砂糖、室温に戻した無塩バター、バニラエッセンスを入れ、ハンドミキサーで7分間程度、泡立てる。

3 卵3個を軽く溶き、大さじ1ずつ2に加え、さらに泡立てる。

4 3に1を加え、ヘラで優しく混ぜ合わせる。

5 4を二等分にし、各ケーキ型に入れる。

6 予熱したオーブンで25〜30分焼く。

7 生クリームをしっかりと泡立てる。

8 型から取り出し、粗熱を取ったケーキの下段にラズベリージャム（またはイチゴジャム）を薄く塗り、その上から生クリーム、残りのジャムの順にふんだんにかけ、上段にケーキを載せる。

9 粉砂糖（分量外）を少々、ケーキの上にふりかけて完成。

August

お茶菓子の定番 "ヴィクトリア・サンド"

2019年はヴィクトリア女王生誕200周年の年でした。ヴィクトリア・サンドイッチ・ケーキは、この甘党女王の大好物で、ラズベリージャムとクリームがスポンジに挟まれたものです。「ヴィクトリア・サンド」という愛称で呼ばれ、今でも英国人のお茶のお供の冠的な存在ですが、シンプルなだけに、上手に作るのは、なかなか難しいのです。

あるとき、友人のサラが自作ヴィクトリア・サンドを携えてお茶に来ました。彼女のスポンジは天国の雲のようにふわふわ。思わずその秘訣を聞くと「粉を高いところからふるいにかけて、空気を入れるのよ」と教えてくれました。

こう語るサラは痩せ型で背が178cm。以来、背の低い私は台所の椅子の上に立って粉を振るう羽目になり、そのおかげでスポンジも、どうにかふわふわになりました。

サラは、美しく膨らんだヴィクトリア・サンドを切りながら心の悩みを語りました。「子どもが欲しかったけれども授からなかった。」彼女の頬が急にラズベリージャムのように紅潮し、涙で覆われました。そして「人生って時々、ケーキ作りの材料のよう」と言いました。「無塩バターも、小麦粉も、ラズベリージャムでさえ、それだけで食べるとまずい。ひとつひとつの材料だけを口に運

び、まずい思いを味わう日が続く」と。涙を拭った彼女は「でも、おいしくない材料でも一緒になると、こんなに甘くておいしいヴィクトリア・サンドに焼き上がる」と笑顔をのぞかせました。「最後にどんなケーキが焼き上がるのかを見極めなくちゃ」とも。

サラの涙のせいで、この日、2人で食べたヴィクトリア・サンドは甘辛に。でも、ケーキ作りから、こんな知恵を引き出す彼女は本当に素敵な人です。彼女の涙を見て、自分に与えられた良さもまずさも、ひとつひとつ大切にしたいと思いました。弱さも最終的な自分を完成させる大切な材料、隠し味なのですから。

ふわふわヴィクトリア・サンドを目指す試行錯誤は、自分の弱さをどう受け入れようかとあがく人間の姿と重なります。聖書には「わたしの恵みはあなたに十分である。わたしの力は弱さのうちに完全に現れる」（新約聖書・コリント人への手紙第二 12章9節）とあります。

ケーキをオーブンに入れる時の不安感、膨らんだケーキをオーブンから取り出す時の喜び。人生の最後、どんな自分が出来上がるのか、ご存じなのは「愛」というかまどの火で、私たちをきよめてくださるイエス・キリストだけです。

りんごやプラムが宝石のように光る夏の終わりの果樹園

秋

あき

Autumn

秋の食卓の前菜
燻製サーモンの小包

材　料（3人分）

ゆでエビのみじん切り	170g
マヨネーズ	大さじ2
ヨーグルト	大さじ1
アサツキかワケギ	大さじ1
黒胡椒	少々
塩	少々
燻製サーモンのスライス（大きさによるので枚数は調整）	9〜12枚
ケッパー	少々
レモン	1個

◆必要なもの

直径約5cmのココット皿	3つ

作り方

1 燻製サーモンをココット皿の底に隙間なく敷きつめる。その際、サーモンの両端が、ココット皿のふちから垂れ下がるようにする。

2 ボールに、みじん切りしたゆでエビとアサツキかワケギを入れ、マヨネーズとヨーグルトを入れて和え、塩と黒胡椒を少々加える（エビがなければ、サケ缶やカニ缶でも可）。

3 2を3等分して、1に入れ、垂れ下がっているサケの両端を持ち上げて中身を覆うように包み、冷蔵庫で1時間ほどねかせる（一晩でも可）。

4 食べる直前に、ココット皿を逆さまにして燻製サーモンの包みを皿に移せば、出来上がり。上にケッパーをあしらい、横にレタスと、切ったレモンを添えて前菜に。主食用ならバター付きトーストを添え、ゆでた新じゃがいもなどと一緒に勧める。

September

農場の昼食に
チーズ・スコーン

材　料（10〜12個分）

小麦粉	225g
ベーキングパウダー	小さじ1と1/2
パプリカパウダー	小さじ1/4
バター	50g
パルメザンチーズ	40g
チャイブのみじん切り（手に入れば）	
	大さじ2
牛乳	150g
卵	1個

◆必要なもの
クッキングシート
麺棒、刷毛
スコーンカッター
（なければ、小さめの茶筒の蓋でも可）

※チャイブ＝西洋浅葱（あさつき）とも呼ばれる、ユリ科ネギ属のハーブ。青ネギや浅葱で代用してもOK。

作り方

＊オーブンを200℃に予熱する。天板にクッキングシートを敷く。

1 ボールに小麦粉、ベーキングパウダー、パプリカパウダーを入れ、混ぜ合わせる。

2 冷やしたバターを細の目に切り、1に入れる。指先で粉とバターをつまみ、目線まで上げて指先で揉むようにしてパン粉状にし、ボールに落とす。全体がパン粉状の粒子になったら、パルメザンチーズとチャイブ（お好みで）を入れ、軽くまぜる。

3 2の中央にくぼみを作り、牛乳を入れ、素早く1つにまとめる。

4 台の上に小麦粉（分量外）をまんべんなくふりかけ、3の生地を麺棒で2〜2．5㎝ぐらいの厚さにのばす。薄くすると膨らまないため要注意。のばしたら、刃先に小麦粉をつけたスコーンカッターで、ねじらないよう抜く。

5 天板にスコーン生地を離して並べる。生地の上に卵を刷毛で軽く塗り、10〜13分ほど焼く。焼き上がったら、熱いうちにバターを添え、スープなどといただく（写真はバターナッツ・スープ）。

祈りを込めた "チーズ・スコーン"

秋のハーティーな食べ物といえば、スコーンです。イチゴジャムとクリーム付きで食べる「クリーム・ティー」は甘党の間では有名ですが、スコーンの先祖は、実はパンの原型。田舎の農場の昼食などではチーズ入りスコーンが、野菜スープやシチューと一緒に日常的に供されます。

スコーンの前身は、8世紀ごろスコットランドで食されたバノック（ラテン語で「焼かれた生地」）。スコーンの語源は謎ですが、ゲール語でバノックを「スゴーン」と呼んだとの説も。その後は広範囲に浸透。南デボン州タヴィストック修道院に残る11世紀の記録には、バイキングに襲撃された建物の修復時、無償で働いた村人たちに僧侶が「クリーム・ティー」を振る舞ったとあります。

スコーンが今のように膨らんだのは18世紀、ベーキングパウダーの出現以降です。膨らまないスコーンが失敗作とされる今も、ベーキングパウダーへの過信は禁物です。

私が裏技とも言える「膨らむコツ」を知ったのは12年前の夏、デボン州よりも南にあるコーンウォール州、海辺のティールームを訪れた時です。

注文したスコーンを食べた瞬間、海風のように軽やかな舌触りに感動したのがきっかけで、経営者のリンジーさんから秘伝を聞き出すのに成功しました。

彼女の1日は、店で出すスコーン作りで始まります。

「バターと小麦粉を指で軽くつまみ、上方で指先をすり合わせ、生地を細かくしてボールに落とし空気を入れる。」これはだれでもが習うコツですが、リンジーさんは「それでも膨らまない日も」と言います。「正直なもので、気持ちが沈むとスコーンも膨らまない」と。

裏技とは、自分の心のケア。彼女は「スコーンが膨らみますように」と願い、「海辺の空気を自分の心に通しながら、生地作りをするようになりました」という。願いは広がり「今日も無事に一日過ごせますよう。家族やロンドンの友だち、そして店に来る人たちが幸せになりますように」との祈りになりました。

聖書には「天国は、パン種のようなものである。女がそれを取って三斗の粉の中に混ぜると、全体がふくらんでくる」（新約聖書・マタイによる福音書13章33節、口語訳）とあります。

幸せは自力ではつかめません。静まって心の窓をいっぱいに広げ、天の風を迎え入れると、やがて喜びが胸いっぱいに膨らんでいくのです。

リンジーさんにとってスコーンは「幸せのバロメーター」、作る時も、食べる時も。

おとぎ話に登場するようなキノコが顔を出す秋の森

秋を彩る「光の器」
かぼちゃリゾット

材　料（4人分）

かぼちゃ	250〜300g
お米	2合
白ワイン	1カップ
スープストック （ブイヨン1〜2個分）	600ml
にんにく	2片
玉ねぎ	中1個
バター	大さじ1
パルメザンチーズ	2カップ
醬油	適量
サラダ油	大さじ2
オリーブオイル	少々
パセリ	大さじ2
黒胡椒	少々
塩	少々

作り方

1 お米をとぎ、ザルで1時間ほど水を切る。

2 スープストックをブイヨン（野菜かチキンどちらでも可）で作り、煮立ったら弱火にして温めておく。

3 玉ねぎ、にんにくとパセリはみじん切り。かぼちゃは皮ごと約1cmの角切りに。

4 鍋にサラダ油を入れ、熱くなったら玉ねぎとにんにくを入れて中火で炒める。

5 4にバターを加え弱火にし、1を加え、米が透明になるまで炒める。

6 米が透明になってきたら白ワインを加え、米が膨らむまで焦げないようにヘラで混ぜる。

7 6にかぼちゃを加えて米と混ぜ合わせ、塩、胡椒する。

8 おたまで2のスープストックを少しずつ7に加え、米とかぼちゃを炊き上げる。かぼちゃが煮崩れないように注意する。

9 とろみがついてきたらパルメザンチーズ1カップと醬油を少々加え、ゆっくり混ぜる。

10 火を止め、蓋をせず10分ほどおく。米がお粥とピラフの中間のようになるのが理想的。2が余る場合もある。

11 各皿に取り分け、それぞれ上からオリーブオイルを少々と残りのパルメザンチーズをかけ、彩りにパセリのみじん切りをあしらって出来上がり。

October

英国の秋の定番
アップル・クランブル

材　料（6〜8人分）

【煮りんご】

りんご（どの種類でも可）	1kg
洋梨	800g
（なければ、りんごの量を増やす）	
無塩バター	20g
アップルジュース	60ml
黒砂糖（なければ三温糖）	50g
シナモンスティック	1本
（またはシナモンパウダー　小さじ1）	

【クランブル】

小麦粉	100g
グラニュー糖	30g
無塩バター	50g
アーモンドプードル	50g
ホイップクリーム	少々
（泡立てても、泡立てなくても可）	

◆必要なもの
耐熱容器

作り方

＊オーブンを200℃に予熱しておく。

1　りんごをむいて芯を取り、ざく切りにし、鍋に入れる。りんごが入った鍋にアップルジュースと黒砂糖とシナモンを入れて煮立て、その後は弱火で蓋をして15分間煮こむ。

2　洋梨をむいて芯を取り、りんごよりも細かく切り、1に入れる（洋梨が固めだったら早めにに加えて一緒に煮る）。洋梨を入れない場合は、りんごの量を増やして、1のみ。

3　ボールに小麦粉、グラニュー糖、バター、アーモンドプードルをすべて加えて混ぜ、指先でするようにして、パン粉状にする。

4　1を耐熱容器に入れ、その上に3を、まんべんなく載せる。

5　予熱していたオーブンで30分ほど、上に焼き目がつくまで焼く。
　ホイップクリームや、熱々のカスタード・クリーム、あるいはバニラアイスクリームを添えていただく。

恵みを感じる収穫の季節に

英国の秋を代表する、りんごのお菓子アップル・クランブルをご紹介します。りんごをたくさん使いますが、この時期の英国では材料に事欠きません。近くの森に行けば小ぶりの野生りんごがたわわ、住宅街を行けば古木が塀の外にせり出し、実の重みでおじぎをするよう。

でも、りんご泥棒にはおよびません。家々の木戸付近には、不揃いの実がたくさん入った段ボール箱が置かれ「ウィンド・フォールです。ご自由にお持ちください」とのメッセージが付いているから。

ウィンド・フォールとは「努力せずとも風が落としてくれた」という意味で、天からの恵みを感じさせる表現です。それほどに、りんごの木は家々の庭に植えられているのです。

最初のりんごの苗木が英国島にいつ上陸したかは不明ですが、11 世紀にはすでにケンブリッジシャー州の大聖堂イーリー付属修道院に果樹園があったそうです。一般に普及したのはフランスから改良種が入ったヴィクトリア時代。英国種は約 2,000 種あるそうですが、お菓子作りは酸っぱい料理用ブラムリーが人気。

その他コックス、グラニースミス（オーストラリアに移住したスミスおばあちゃん）など、りんごには、いずれも品種開発ゆかりの人物名がついています。英国人のハートをとらえる、こんなに身近な果物は他にないと言えるでしょう。

アップル・クランブルのレシピは、1924 年頃で比較的近代のもの。戦時下、庭りんごと配給バター等で作った主婦たちの知恵の産物です。クランブルとは「（簡単に）崩れる」という意味で、ソース状の煮りんごの上にパン粉状の生地を載せて焼くだけ。

庭に落ちた残りのりんごは、放置しておくと腐ってしまうので瓶詰に。そういうわけでアップル・クランブルは、教会の会食用としても季節を問わず大活躍する経済的なレシピ。食べながら「これはヴァレリさんのところの赤りんご」、「クラーク家の青りんご」など、出処を味で判別する輩もいて、食卓の話題まで提供してくれます。

秋深い森の奥で野生りんごを見るたび、思い出す聖句があります。「（天の）父はご自分の太陽を悪人にも善人にも昇らせ、正しい者にも正しくない者にも雨を降らせてくださる」（新約聖書・マタイの福音書 5 章 45 節）。

夏の間、あんなに青くて小さかった実が今、収穫の時を迎えました。不足だらけの自分もまた、ただただ恵みを受けることによって、いつか熟す時が来るのでしょうか。

秋の恵みが袋にいっぱい。甘い栗で、栗ご飯も

熱々の紅茶のおとも
ベイクウェル・タルト

材　料（直径20cmのパイ皿分）

【タルト生地】

小麦粉	170g
バター	70g
水	大さじ2

【中身】

ラズベリージャム （イチゴジャムでも可）	適量
バター	120g
砂糖	60g
アーモンドパウダー	120g
卵	1個
アーモンドエッセンス	小さじ1/4
アーモンドフレーク	適量

◆必要なもの

直径20cmのパイ皿
タルトストーン（重石）
※なければ、生米、乾燥小豆で代用
可能。
麺棒、フォーク
アルミホイル（またはクッキングシート）

作り方

1　タルト生地をまず作る。ボールに小麦粉と冷たいバターを入れ、指先ですり合わせるように混ぜ、細かい粒子状にする。さらに水を加えてまとめ、しばらく（20分以上）冷蔵庫に入れる。その間、オーブンを180℃に予熱する。

2　台の上に粉（分量外）をふってから1の生地を麺棒で伸ばし、パイ皿に入れて形を整え、フォークで底全体に穴を開ける。

3　アルミホイルかクッキングシートを2の上に載せ、その上に重石を載せて15分ほど空焼きする。その後、重石を取り除いてから再びパイだけを5分ほど空焼きする。

4　3が焼き上がったら、多めのジャムを生地にまんべんなく敷く。

5　小鍋にバターを入れて弱火で溶かし、砂糖、アーモンドパウダーを加え、さらに溶き卵を静かに入れ、アーモンドエッセンスを加えて、4に流し込む。上からアーモンドのフレークを全体に散らばす。

6　5をオーブンに入れて、上が焦げないように注意しながら35分間焼く（焦げそうになったら、アルミホイルで覆う）。温かいうちに食べてもよい。

November

英国の家庭料理
シェパーズ・パイ（羊飼いのパイ）

材　料（4人分）

【パイの中身】

ラム・ミンチ	500g
（なければ牛か合挽き可）	
玉ねぎ	大1個
マッシュルーム	70g
にんじん	2本
バター	大さじ1
小麦粉	大さじ2
スープストック	300g
（野菜かチキンブイヨンでも可）	
トマトケチャップ	大さじ2
醤油	小さじ1
ベイリーフ	1枚
パセリ	大さじ1
ハーブミックス	大さじ1
塩・胡椒	少々

【マッシュ・ポテト】

じゃがいも	800g
バター	大さじ4
牛乳	大さじ5
塩・胡椒	少々
（他にバター少々）	

◆必要なもの
ハンドミキサー、耐熱容器
フォーク

作り方

＊オーブンを200℃に予熱しておく。

1　玉ねぎ、マッシュルーム、にんじんをみじん切りにする。

2　バター大さじ1で、玉ねぎをきつね色になるまで炒め、残りの野菜も炒める。野菜がしんなりしてきたらラム・ミンチを加え、さらに炒める。

3　小麦粉を2に混ぜ合せ、スープストックを少しずつ足したら、ケチャップと醤油、ベイリーフ、ハーブミックス、塩・胡椒を加え、弱火で15〜20分煮る。

4　じゃがいもの皮をむき、4つ割りにし、柔らかくなるまでゆでる。ゆで上がったらお湯を切り、じゃがいもをつぶす。バター、牛乳、塩・胡椒を加え、ハンドミキサーでかき混ぜる。

5　耐熱容器に軽く油かバター（分量外）を塗り、3を入れ、その上に4をまんべんなく載せ、フォークの背で抑えるようにしながらマッシュ・ポテトに柄をつける（63頁の写真参照）。さらに、上からバターを少しずつちぎって散らす。

6　5をオーブンに入れ、15〜20分焼く。

7　付け合わせにグリーンピースなどを添えて出来上がり。

November

じゃがいもに包まれた「お袋の味」

気温がぐんと下がる11月。ラム肉を使った家庭料理シェパーズ・パイで体を温めましょう。シェパーズとは羊飼いで、「羊飼いのパイ」という意味です。パイと言ってもパイ生地ではなく、マッシュポテトで中身を覆ったものです。

18世紀にじゃがいもが一般普及した頃に産声をあげた「お袋の味」で、他にもコテージ・パイがあります。中身のラム肉がビーフになっただけで作り方は同じ。つまり、ビーフを使うとコテージと呼ばれる牛飼いが住む「平屋のパイ」という名に早変わりするわけです。

一般に英国人は、シェパーズ・パイのほうを好みます。彼らにとって昔から羊は、なくてはならない大切な動物です。食用はもちろん、羊毛を使った毛織産業が産業革命の旗振り役だったのは言うまでもありません。緑の丘が空の彼方まで延々と続く英国島には、現在300万頭以上が放牧されているそうです。空のちぎれ雲のように数え切れないほど羊がいるので当然、羊飼いもたくさんいます。

都会人の耳に「羊飼い」はロマンチックに響きますが、実は忍耐を要す大変な仕事です。爽やかな夏の日々はラッキーな職業かもしれませんが、雨風や厳寒の雪の日も、山谷の合間に群れを伴うわけです。加えて、地勢を熟知し、羊を危険から守らねばなりません。

英国北の湖水地方で3代目羊飼いとして活躍するジェームズ・リバンクスさんは「弱い仔羊が死ぬのを待つカラスが頭上を飛び交ううえ、人間様の羊泥棒まで出没。それに羊は実は1頭1頭性格が異なり、手塩にかけても、あの手この手で群れから離れようとする」と言います。「孤独と闘いつつ、一人前の羊飼いになるには40年はかかる。人知をしのぐ忍耐が必要。」

聖書の中で「私は良い羊飼い」と語るイエス・キリストの家系も羊飼い。英国では牧羊犬が助け手ですが、キリストの時代は人間が文字どおり群れと暮らし、羊の命の番に徹しました。キリストは「羊たちのためにいのちを捨てる」（新約聖書・ヨハネの福音書10章11節）と約束します。

私たちもまた羊のように、勝手な思いにかられ、自他共に傷つき傷つけながら迷走します。羊飼いイエスは忍耐強く一人一人の名を呼び続けます。その声を聞き分け、緑豊かな牧草地に共に導かれましょう。

11月は繁殖期、英国中の羊飼いたちは今、大忙です。たくさんの仔羊が生まれる春を見据えて──。

Autumn

2 階建バスが走る車道の脇道をたどれば、森へと誘われる

冬

ふゆ

Winter

家族の団らんに
クリスマス・プディング

材　料（6人分）

レーズン	45g
サルタナ	45g
カランツ	45g

（サルタナ、カランツが手に入らなければ、細かく切ったドライフルーツなら何でも可）

細かく刻んだアーモンド	30g
バター（室温）	45g
三温糖	45g
生パン粉	85g
オールスパイス	小さじ1
卵	1個
黒蜜	大さじ1
牛乳	大さじ3
レモン皮すりおろし	1個分

（オレンジの皮も可）

リンゴのすりおろし	30g

◆必要なもの
耐熱性のボール・クッキングシート
たこ紐・アルミホイル

作り方

1 大きめのボールに材料をすべて入れてかき混ぜ、一晩ねかせる。

2 プディング用の陶製容器がなければ、耐熱性のボールを使う。容器にまんべんなくバター（分量外）を塗り、1を全部入れ、二重にしたクッキングシートでしっかりと蓋をし、さらにその上からアルミホイルで蓋をし、容器ごとたこ紐で十文字に縛る（蓋をきちんと抑えるように結ばないと、蒸す際に中身が上がってくるので要注意）。

3 プディングの容器の半分が隠れるほどの湯を鍋に張り、弱火で6時間ほど蒸す（その際、水がなくならないようにチェック）。

4 冷めたらそのまま冷暗所で保存。クリスマスの当日、食べる2時間ほど前に3と同じ要領で温める（電子レンジで2〜3分も可）。

5 熱いうちに、皿の上に容器を逆さまにしてプディングを移し、温めたブランデーをかけ、マッチで火をつけてアルコール分を飛ばす。

6 切り分けて、泡立てない生クリーム（分量外）を上からかけて食べる。バニラアイスでもよい。味が濃厚なので、取り分ける際は小さめに。

※風味が強いものを好む場合は、黒ビールとラム適量（比率2：1）にドライフルーツを数日間漬けるとよい。ブランデーでも可。漬け汁の残りは、上にかけるクリームに混ぜても、アイスクリームの上からかけてもよい。

December

クリスマスの伝統
トライフル・スポンジ

材　料（4〜5人分）

パウンドケーキ	少々
ジャム	少々
ウィスキー	少々
果物（冷凍でも缶詰でも可）	適量
クランベリー・ジュース	400cc
粉ゼラチン	5g
砂糖	大さじ1

【カスタードクリーム】

＊牛乳	500cc
＊砂糖	25g
＊コーンスターチ	小さじ2
＊卵	4個
＊バター	1cm角
＊バニラエッセンス	適量
生クリーム	300cc

◆必要なもの
直径20cm大の深めのボール

作り方

1 市販のパウンドケーキやケーキの残り
を1cm以下の薄切りにし、お好みのジャ
ムを薄く塗り、直径約20cm大の深め
のボール（グラスでも可）の底に敷き
詰め、上からウィスキーをふりかける

（シェリーでもブランデーでも可）。
※子どもと作る際は、ジャムのみを使用。

2 1のケーキの上にお好みのフルーツ
（いちご、冷凍ベリー、フルーツ缶な
ど）を、ケーキが隠れるように乗せる
（缶詰の場合は汁をきる）。

3 ゼラチン層を省いてもよいが、入れた
い場合は適量の水（分量外）でゼラチ
ンをふやかし、電子レンジに10秒ほど
かける。小鍋にクランベリー・ジュー
スを入れて温め（缶詰の汁を入れるな
ら、その分量をジュース量から差し引
く）、ゼラチンを加えて溶かす。

4 3のゼラチンを冷まし、2の上にゆっ
くりとかけ、冷蔵庫で固める。

5 市販のカスタードクリームがあれば、
固まった4の上からかける。手作りす
る場合は、小鍋で牛乳を温め、バニラ
エッセンスを数滴入れる。ボールにコー
ンスターチ、卵、砂糖を入れてよく
混ぜ、少しずつ牛乳に加える。固まっ
てきたら、鍋底を冷たい水につけ、1
cm角のバターを入れて混ぜる。

6 4が固まったら、冷めたカスタードク
リーム、泡立てた生クリームの順に載
せ、ラップをして冷蔵庫で数時間冷や
せば、出来上がり。

December

クリスマスの贈りもの

12月、イエス・キリストの誕生を祝うクリスマスの季節です。英国人なら一口頬張ればだれもが「遠い子ども時代のクリスマスの思い出」に連れ戻される伝統のプディング、「トライフル・スポンジ」をご紹介します。

トライフルとは「取るに足らない」「つまらない」「ささやか」という意味ですが、なぜ、そんな粗末な名前がついてしまったかは謎です。レシピはすでに16世紀に登場。宮殿に住む王さまから農場で働く庶民まで、世紀を経て広く愛され続けてきた、お祝い用の逸品です。

イギリスのスーパーではトライフル仕様の軽いスポンジケーキが売っていますが、わざわざ買わなくても残ったケーキの切れ端で充分。もしかしたら、その辺りが名前の所以（ゆえん）かもしれません。4層から成るので、ガラスのボールなどで作れば、クリスマスの雰囲気も満々。

1段目にはウィスキーを含ませたケーキの薄切りを敷き、2段目は果物を敷き、それをゼリーで固めますが、フルーツだけでゼリーを省くことも。3段目はカスタードクリーム、最後に生クリームを載せて出来上がり。このカスタードと生クリームは不可欠です。

以前、ロンドンにあった日本人のクリスチャン婦人会の持ち寄りクリスマス会に、アダムスさんという女性が、大きなガラスボールいっぱいのトライフルを2つも持ってきてくださったのが、私のトライフル・デビューでした。冷たく甘く、祝会のデザートに最適です。

聖書のルカの福音書によると、キリストは神の子なのにベツレヘムという「取るに足らない」小さな村の、しかも馬小屋で産声をあげました。幼子誕生の知らせを聞いて、貧しい羊飼いたちと3人の博士が東方から不思議な星に導かれてやって来ました。

彼らは「つまらない」飼い葉桶に寝かされた、あどけない赤ちゃんに膝をかがめて額（ぬか）づきました。世界最初のクリスマスは「ささやか」なシーンでした。

「トライフル」の味の良さは、食べてみないとわかりません。キリストを、動物小屋で産まれた気の毒な赤ん坊と見過ごすなら、私たちを救うために、彼が十字架上で味わった苦さが、この自分にとって、どれほど甘いものなのかを、知るよしもありません。

もう何年も前からクリスマスツリーの下に、たった1つのプレゼントが置き去りにされています。あなたへのプレゼントです。開けてみませんか？

我が家の居間に飾られた2メートルのクリスマスツリー

ほろ苦い甘さのマーマレード・ケーキ

材　料（6〜8人分）

無塩バター（マーガリンでも可）	300g
砂糖	35g
三温糖	35g
マーマレード	200g
小麦粉	225g
重曹	小さじ1/2
ベーキングパウダー	小さじ1/2
卵	4個
オレンジ（ネーブル）	1個
※水かコワントロー（あれば）	
	大さじ1

◆必要なもの

パウンドケーキ型	1個
泡立て器、ヘラ	

作り方

＊オーブンを180℃に予熱しておく。ケーキ型に油かバター（分量外）を塗っておく。クッキングシートを敷いてもよいし、敷かなくても可。

1 小麦粉、重曹、ベーキングパウダーを混ぜ合せる。

2 バター250gと2種類の砂糖をボールに入れ、泡立て器で7分間ほど、白くなるまで混ぜる。

3 2に1の粉類を加え、ヘラでよく混ぜる。

4 3にマーマレード150g、卵全部、オレンジの皮（1個分）をすり入れる。皮の白い部分まですり入れると苦くなるので注意。皮をすりおろしたオレンジを半分にし、その半個分のオレンジの汁を絞り入れ、また混ぜる。

5 型に4を流し込み、オーブンで40分焼く（30分したらチェック。焦げないように）。

6 焼き上がったらオーブンから出し、冷ます。その間、ソースとして、フライパンに残りのマーマレード、バターを溶かし、その中に、残っていた半個分のオレンジを薄く輪切りにして、からめるように2〜3分軽く煮る（オレンジが半生のほうがよい）。その際、大さじ1杯の水か、コワントローを加えてもよい。

7 粗熱がとれたケーキの上に半生のオレンジの輪切りを並べ、残りのソースをヘラで、ケーキ全体にまんべんなく塗る。

8 冷めたら、切り分けていただく。

January

英国人の越冬の知恵
フィッシュ・パイ

材　料（4〜6人分）

【マッシュ・ポテト】
＊じゃがいも	700g
＊塩・胡椒	少々
＊バター	100g
＊牛乳	大さじ1

魚介類	約300g
（魚の切り身、エビ、貝類など）	
レモン	半分
白ワイン	大さじ1
卵	2個
マヨネーズ	大さじ1

【ホワイトソース】
＊玉ねぎ	大1個
＊小麦粉	大さじ1.5
＊バター	大さじ2
＊サラダ油	少々
＊パセリ	少々
＊牛乳	400cc
＊塩・胡椒	少々

オリーブ油	少々

◆必要なもの
深めの耐熱容器

作り方

＊オーブンを180℃に予熱する。

1 マッシュ・ポテトを作る。ゆでたじゃがいもをつぶし、そこにバター、牛乳を加えてまぜ、塩、胡椒しておく。

2 卵を固ゆでにする。

3 魚介類（魚は一口大に切る）は白ワインとレモンの絞り汁に漬け込む。

4 次にホワイトソースを作る。玉ねぎ1個をみじん切りにし、バターとサラダ油で炒めたら、小麦粉を加えて混ぜる。

5 4に牛乳とパセリのみじん切りを入れ、塩、胡椒を加える。

6 ゆで卵を粗くみじん切りにしてマヨネーズで和え、5に加え、漬け込んでおいた魚介類も漬け汁ごと加える。

7 少し深めの耐熱容器（パイ皿でも可）にオリーブ油を塗り、6を流し込む。

8 一番上にマッシュ・ポテトをまんべんなく敷き、大さじ1のバター（分量外）を上から散らす（このとき、お好みでチーズを全体にかけてもよい）。

9 予熱しておいたオーブンで35〜40分焼いて出来上がり。

January

冬海の漁村に、熱々のフィッシュ・パイ

　新年は焼きたて熱々フィッシュ・パイ。英国ではじゃがいもを使ったマッシュ・ポテトベースが一般的で、ニシンやタラなど生魚の切り身や数種類の薫製魚を入れたりします。中には一目見て、ぎょっとするものも。

　南部コーンウォールの漁村マウスホールの名物パイはポテトの上をさらにパイ皮でおおったもので、皮からはイワシのお頭がいくつも突出。魚眼が、じっと天を見上げているようなので「スター・ゲイジー・パイ（星を見つめるパイ）」と呼ばれます。伝説では16世紀の漁師トム・ボーコックが飢えた村人を救うため、一人で大しけの冬海に出、舟いっぱい魚を持ち帰り、巨大パイを焼いたのだそう。

　このマウスホールの隣港ニューリンには、中世に作られた頑丈な埠頭（ふとう）が今も立ちます。その片隅にマッチ箱のような「フィッシャーマンズ・レスト（漁師の休憩場）」というチャペルを兼ねた小屋が。昔は漁港ごとにあり、海の男たちが安全と大漁を祈り、戻ったら感謝

スター・ゲイジー・パイ、本来頭は７つ

を捧げ、熱々の紅茶で暖をとった場所でしたが、近年は多くが廃棄に。

　数年前、地元教会のジェイソン・ウォード牧師が「朴訥（ぼくとつ）な漁師には教会の敷居は高い。彼らの声に耳を傾けたい」と、30年ぶりに「開かず小屋」の鍵を回しました。壁の木の十字架、古いハモンドオルガン、賛美歌集が昔日の面影のままだったそうです。

　「礼拝だけでなく家庭や飲酒問題などにも取り組みたい」と意欲的なウォード牧師、救命ボート出動ボランティアもしています。年配漁師たちは「昔、小屋で祈ったもの」と大喜び。集まった人々は口々に「最後に祈ったのはいつか」「気楽に立ち寄れそう」「信仰はないが手伝いたい」とうれしそう。キリストは失った者を捜して救う方。その姿に、漁村牧師の姿が重なります。

　聖書でも魚は「救い」の象徴。旧約聖書では荒海に投げ入れられた預言者ヨナを、神は大魚に飲み込ませ救いました（ヨナ書参照）。新約聖書では、少年の弁当（小魚とパン）をキリストが祝福すると五千人が満腹に（ヨハネの福音書6章1〜15節参照）。

　伝説のトム・ボーコックは、村人の飢餓を救いました。ウォード牧師は霊的な飢えを満たそうと人々のために祈ります。キリストは、どうしようもない不漁を大漁に導く方。きっとこの冬も、小屋では熱々のフィッシュ・パイが振る舞われていることでしょう。

雪の朝の森、やがて光に覆われ、跡形もなくなる雪化粧

笑顔あふれるパンケーキ

材　料（10〜12枚分）

小麦粉	125g
塩	小さじ 1/2
卵	1個
牛乳	300cc
油	大さじ 2
バター	適量
レモン　3個（各 1/4 に切り分ける）	
グラニュー糖	適量
（お好みで、メープルシロップも可）	

◆必要なもの
直径 20cm 以内のフライパン

作り方

1 ボールに小麦粉をふるい入れ、塩を加える。

2 1の真ん中にくぼみを作り、溶き卵を入れる。

3 2に牛乳の半分を少しずつ混ぜ、なめらかになったら、残り半分の牛乳を加え、さらに混ぜる（だいぶ水っぽくなる）。

4 3に油を大さじ1を加え、さらに混ぜる。

5 直径20cm以内のフライパンに残りの油を敷き、香りとしてバターも少々加える。

6 フライパンの油が熱くなったら、4の生地を、だいたい大さじ2ぐらい入れ、素早くフライパンを回し、高温のまま焼く。

7 パンケーキのふちが乾いて茶色くなってきたら、フライパンの上で裏返す。難しければ、フライ返しを使って裏面を焼く。

8 パンケーキが熱いうちに、お好みで砂糖をふりかけ、半分にたたんで皿に盛る（くるくると細く巻いても可）。その際、1/4に切り分けたレモンを添える。食べる時にお好みでレモンを絞り、必要なら砂糖を足す。メープルシロップをかけてもよい。

February

愛を伝えるチョコレートケーキ

材　料（パウンドケーキ形１個分）

無塩バター	100g
板チョコ	100g
卵	２個
薄力粉	100g
ベーキングパウダー	小さじ１
砂糖	50g
オレンジジュース	大さじ２

（あるいはブランデーかラム、大さじ１）

◆必要なもの
パウンドケーキ型
クッキングシート
刷毛、竹串、木べら
アルミホイル

作り方

＊オーブンを150℃に予熱する。

1 無塩バターと板チョコを湯煎にかける。その際、かき回さない。

2 ボールに薄力粉とベーキングパウダーを混ぜ合わせ、ふるいにかける。

3 １と２を木べらで優しく混ぜ、さらに溶き卵２個を加え、混ぜる。

4 パウンドケーキ型にクッキングシートを敷き、３を流し込む（小さめの円型でも可）。

5 予熱していたオーブンで40分ほど焼く（竹串を刺してみて、生地がついてこなかったら出来上がり）。

6 焼き上がったら、オレンジジュースかブランデーなどを少々、刷毛でケーキの上に塗り、それをアルミホイルで包んで室温で冷ます。冷蔵庫で冷やしてもおいしい。

February

変わらぬ愛を伝えるチョコレートケーキ

2月14日のセント・バレンタイン・デーは、3世紀に殉教したローマの聖職者バレンタインにちなんだものと言われ、ご存じのように愛を告白する日です。

「士気が落ちる」という理由から結婚を禁じられていた当時のローマ兵たちを、心から憐れんだバレンタインは、内緒でカップルを結婚させていました。けれども、それが当局に発覚し、とうとう首切りの刑に、との言い伝えです。

英国でもセント・バレンタイン・デーは古くから知られ、現在残る最も古い記述は、詩人チョーサーによる1375年作の詩に登場。チョコレートを贈るという習慣も実は英国発祥で、19世紀ヴィクトリア時代からです。

考案したのは、バーミンガムに一大チョコレート製造工場を作ったクェーカー教徒の実業家カドベリーさん。売り上げを伸ばしたいと、2月14日向けにハート型の箱にチョコレートを詰め、販売したのが始まり。

商魂たくましい一方で福祉家だった彼は、郊外に、お菓子の家のような趣の赤煉瓦の家並みの村を従業員用に作り、その景観は今も残ります。

2月のチョコレートケーキのレシピは、さらに北、ヨークシャー州で生まれ育った友人のベス（仮名）からもらいました。

北に行けば行くほど甘党の人たちが多いのは、寒さのせいでしょうか。知り合って10年以上経つのですが、先日はじめて彼女がクリスチャンになった経緯を話してくれました。

それは13歳のある2月の日曜日、友だちに誘われて教会に行った時のこと。「イエス・キリストは昨日も今日も明日も変わらない。いつも、あなたを愛しています」というバレンタインの告白にも似たメッセージに感動。子ども心にも「自分は愛情の薄い家庭で育ったから、イエスさまの愛が必要」と即座に決断したそうです。

ベスがまだ母親のお腹にいたとき、母親は自らの命を絶とうとし、ベスはその事実を耳にしながら育ちました。その後、両親は別れ、父方の祖父母がベスと妹を引き取って育てたそうです。

「神さまは、私を大切にしてくれる夫も下さった」と彼女は微笑みます。このチョコレートケーキを食べる都度、ベスの優しい甘い心を思います。13歳の時より約60年もの間、ベスはキリストの太い愛の絆につながって、たくましく生きてきました。それは、ヘソの緒でつながる母子の姿を思わせます。

Winter

わが家の台所の大窓から見える冬景色

おわりに

　本書は 2019 年春から 2021 年まで、足掛け 2 年間にわたり、いのちのことば社発行、月刊クリスチャン新聞「聖書をいつも生活に」に連載した 24 本のコラム「こころの食卓」からの抜粋を元にしたものです。英国の教会で知り合ったイギリス人の友人たちから習った料理、見様見真似で覚えたものなど、簡単でおいしいレシピが満載されています。

　それは英国独特の四季の移ろいにも深く関わっていて、1 年を通じて昔から今に受け継がれてきたキリストの教えに基づく習慣や風習など、英国という土壌に根付いたキリスト教会の広さ、深さを垣間見ることもできると思います。そして何よりも生涯、教会生活を大切にして暮らしてきた彼女たちの信仰生活という隠し味が、レシピの旨味を引き立てているのです。

　連載をするにあたり、年に数回、我が家の台所は、にわか撮影所と化しました。カメラを担当してくださったのは長年一緒に働いてきて、気心の知れたベテラン斎藤久美さん。彼女は、この食の撮影を楽しみにしてくれました。いつも元気な姿でカメラバッグを背負い、夏の日の、ひまわりの花のようにニコニコしながら。「優子さーん、今回も楽しみにしています。だっておいしいもの

が食べられるから」というのが彼女の口癖。よく働き、よく食べる、楽しい仕事のひと時でした。そして食べきれなかった分は、いそいそとご主人の「デビッドにも」と言って、お持ち帰り用に。今となっては、楽しく、懐かしい思い出となりました。

　最後のコラムの撮影をすべて終えた、その冬のクリスマスイヴ、久美さんは遠く光る天の星となりました。病を隠し、プロとして最後まで体当たりで働き、よく食べてよく笑った彼女の、人生を謳歌する姿は、ほんとうにあっぱれでした。賑やかなのが好きだった彼女。今ごろ、天の食卓に連なって、相変わらず大笑いしながら、この上なく美味な食事のひと時を楽しんでいることでしょう。久美さん、ありがとう！

　最後になりましたが、2 年間を通し、久美さんの写真と、拙い私の原稿の受け手となってくださり、微に入り細に入り心を配ってくださった、いのちのことば社の編集者、米本円香さんに、心から感謝の意を表したいと思います。

　この本が、単なるレシピ本に終わらず、手に取る方たちの魂の栄養になることを祈りつつ、ここに筆を置きます。

自宅のキッチンにて

山形優子フットマン

上智大学文学部社会学科卒。
カリフォルニア州立大学ヒューマニスティック心理学修士（ロータリー財団奨学生）。
新聞記者を経てフリーに。在英40年。英国人男性と結婚、3人の娘の母。
著作に『憧れのイングリッシュ・ガーデンの暮らし』（エディション・ドゥ・パリ）、『けっこう笑えるイギリス人』（講談社）、翻訳書に『マイケルチャン 勝利の秘訣』『コロナウイルス禍の世界で、神はどこにいるのか』（いずれも、いのちのことば社）がある。

季節で彩る　こころの食卓
英国伝統の家庭料理レシピ

2021年11月1日　発行

著　者　　山形優子フットマン
写　真　　斎藤久美
装丁＆デザイン　吉田葉子
発　行　　いのちのことば社フォレストブック
　　　〒164-0001　東京都中野区中野2-1-5
　　　Tel.03-5341-6924（編集）
　　　　　03-5341-6920（営業）
　　　Fax.03-5341-6921
　　　e-mail：support@wlpm.or.jp
　　　http://www.wlpm.or.jp/